CYRLEY-ARNAUD N'GALIEME

L'AGENDA DE LA SAGESSE

CYRLEY-ARNAUD N'GALIEME

L'AGENDA DE LA SAGESSE

Un requiem des pensées productives

Éditions Muse

Cover image: www.ingimage.com

Publisher:
Éditions Muse
is a trademark of
Dodo Books Indian Ocean Ltd. and OmniScriptum S.R.L publishing group

120 High Road, East Finchley, London, N2 9ED, United Kingdom
Str. Armeneasca 28/1, office 1, Chisinau MD-2012, Republic of Moldova, Europe
Printed at: see last page
ISBN: 978-620-4-96388-4

L'AGENDA
DE LA SAGESSE

Un requiem de pensées pour des impacts dans la vie quotidienne.

Auteur : Cyrley-Arnaud N'GALIEME

INTRODUCTION

Un homme a dit : « La sagesse est la fille de l'expérience »

Et chaque expérience vécue m'a appris la sagesse et celle-ci a secoué mes pensées jusqu'à façonner ma vie. Car la pensée est l'usine où les idées sont fabriquées.

« …C'est poussé par le Saint-Esprit que les hommes ont parlé de la part de Dieu »
Cf. 2 Pierre 1 :21

De nos jours Dieu continu a révélé ses secrets à ses saints serviteurs. Car la fin de la révélation est le début de la destruction d'une génération. C'est la révélation ou l'inspiration de la pensée de Dieu qui préserve une génération de la destruction, du scandale, de la catastrophe…

En 2002 alors que j'œuvrais pour le Seigneur dans le compte de l'église Mondiale de la Foi Vivante aussi connue comme « La Chapelle des Vainqueurs » à ADO-EKITI (Nigéria), le Saint-Esprit s'adressa à moi dans le livre de Jérémie 30 :2 de mettre par écrit ses inspirations divines pour l'illumination spirituelle de ma génération.

A cet effet, ce livre que vous tenez entre vos mains est un ensemble des pensées documentées et ces paroles écrites ont été inspirées pour vous motiver d'avancer avec Sagesse et intelligence dans le voyage de la destinée et de surmonter certains défis de la vie quotidienne.

En outre, je suis certain qu'une lecture méditative de ces paroles inspirées et documentées vous apportera des réflexions fructueuses, des changements remarquables, distinctifs et extraordinaires.

« Il vaut mieux communiquer avec un bon livre qu'avec une personne vide »

Soyez des explorateurs de ces pensées écrites.

BONNE LECTURE !!!

* **Abréviation :**

Cf. veut dire référence biblique.

Bible version Louis Second.

- **Si tu n'es pas formé(e), tu ne seras pas positionné(e). Car c'est ta formation auprès de Dieu qui détermine ta position parmi les Hommes.**
  Cf. *« L'Eternel Dieu forma une femme de la côte qu'il avait prise de l'homme, et il l'amena vers l'homme. »* **Genèse 2 :22** **l'amena vers l'homme = positionner auprès de l'homme.**

- **La Désobéissance est le rejet de la connaissance.**
  Cf. *« ...puisque tu as rejeté la connaissance, je rejetterai, et tu seras dépouillé de mon sacerdoce... »* **Osée 4 :6**

- **La Connaissance sans compréhension produit des illusions.**
  Cf. « *Vous êtes dans l'erreur, parce que vous ne comprenez ni les écritures, ni la puissance de Dieu.* » **Matthieu 22 :29**

- **L'Ignorance est la mère de la souffrance.**
  Cf. « *Mon peuple est détruit, parce qu'il lui manque la connaissance...* » **Osée 4 :6**

- **Dans la Prière quand la Foi est libérée, la prière sera exaucée.**
  Cf. « *Tout ce que vous demanderez avec foi par la prière, vous le recevrez.* » **Matthieu 21 :22**

- **La Prospérité n'est pas l'ennemie de la sainteté.**
  Cf. « *Je (Dieu trois fois Saint) souhaite que tu prospères à tous égards...* » **3Jean 2**

- **Quand l'Exaucement vient du ciel, il y'aura de l'accomplissement sur la terre.**
  Cf. « *Si mon peuple sur qui est invoqué mon nom s'humilie, prie, et cherche ma face, et s'il se détourne de ses mauvaises voies, ---- je l'exaucerai des cieux, je lui pardonnerai son péché, et je guérirai son pays.* » **2Chroniques 7 :14**

- **Le Fait que tu as beaucoup attendu ne veut pas dire que tu as tout perdu. Car attendre ce n'est pas perdre.**
  Cf. « *Il est bon d'attendre en silence le secours de l'Eternel.* » **Lamentation de Jer.3 :26**

- **Si tu n'es pas dans un environnement convenable, tu ne pourras pas faire des choses favorables pour ta vie.**
  Cf. « *Et il ne fit pas beaucoup de miracles dans ce lieu, à cause de leur incrédulité.* » **Matthieu 13 :58**

- **Le Mariage est divin, mais toute union n'est pas toujours divine.**
  Cf. « *Voici ce que l'Eternel ordonne au sujet des filles de Tselophchad : elles se marieront à qui elles voudront, pourvu qu'elles se marient dans une famille de la tribu de leur père.* » **Nombre 36 :6** ;
  « Ne vous mettez pas avec les fidèles sous un joug étranger. Car quel rapport y a-t-il de commun entre la justice et l'iniquité ? ou qu'il y a-t-il de commun entre la lumière et les ténèbres ? « **2Corinthiens 6 :14**

- **Retarder la préparation dans la course de la vie, c'est retarder la manifestation.**
  Cf. « *Des fils d'Issacar, ayant l'intelligence des temps pour savoir ce que devait faire Israël, deux cents chefs, et tous leurs frères sous leurs ordres.* » **1Chronique 12 :32**

- **Quand Tu réussis, tu symbolise le succès mais quand tu échoues, tu symbolise l'échec. Ce que tu médites et pratique crée ton avenir. Et le succès (ou l'échec) est la somme de notre méditation et l'application de tous les jours.**
  Cf. « *Que ce livre de la loi ne s'éloigne point de ta bouche ; médite-le jour et nuit, pour agir fidèlement selon tout ce qui y est écrit ; car c'est alors que tu auras du succès dans tes entreprises, c'est alors que tu réussiras.* » **Josué 1 :8**

- **Là où il n'y a pas de liberté d'expression, il n'y aura pas d'évolution ; empêcher les gens de parler librement retarde aussi le développement.**

- **Si Dieu n'a pas une place convenable dans ton cœur, tu n'auras pas une position honorable sur la terre ;**
  Cf. « *Attache-toi donc à Dieu, et tu auras la paix ; tu jouiras ainsi du bonheur.* » **Job 22 :21**
  « *Cherchez premièrement le royaume et la justice de Dieu ; et toutes ces choses vous seront données par-dessus.* » **Matthieu 6 :33**

- **Que Ta gentillesse n'alimente pas ta faiblesse.**
  Cf. « *..., à cause de la faiblesse de votre chair. – de même donc que vous avez livré vos membres comme esclaves à l'impureté et à l'iniquité, pour arriver à l'iniquité, ainsi maintenant livrez vos membres comme esclaves à la justice.* » **Romains 6 :19**

- **L'Ennemie N°1 de la diligence est la négligence.**
  Cf. « *Quand les mains sont paresseuses, la charpente s'affaisse ; et quand les mains sont lâches, la maison a des gouttières.* » **Ecclésiaste 10 : 18**

- **Compter sur ta relation c'est être sous la malédiction mais se confier à Dieu c'est ton accès à la bénédiction.**
  Cf. « *Ainsi parle l'Eternel : Maudit soit l'homme qui se confie dans l'homme... béni soit l'homme qui se confie en l'Eternel, et dont l'Eternel est l'espérance.* » **Jérémie 17 :5-7**

- **C'est Ton investissement qui détermine ton rendement.**
  Cf. « *Isaac sema dans ce pays, et il recueillit cette année le centuple ; car l'Eternel le bénit. Cet homme devint riche, et alla s'enrichissant de plus en plus jusqu'à ce qu'il devint fort riche.* » **Genèse 26 : 12-13**

- **Quand tu découvres ton but, alors libère ton potentiel.**
  Cf. « *L'Eternel se tourna vers lui, et dit : Va avec cette force que tu as, et délivre Israël de la main de Madian ; n'est-ce pas moi qui t'envoie ?* » **Juges 6 : 14**

- **On ne flatte pas une relation, on la conserve par des échanges et partages de part et d'autre.**
  Cf. « *Tout ce que vous voulez que les hommes fassent pour vous, faites-le de même pour eux...* » **Matthieu 7 :12**

- **Vis dans la discrétion par rapport à la révélation reçue de Dieu.**
  Cf. « *Il recommanda aux disciples de ne dire à personne qu'il était le Christ.* » **Matthieu16 :20** ;
  « *...Ne parlez à personne de cette vision, jusqu'à ce que le Fils de l'homme soit ressuscité des morts.* » **Matthieu 17 :9**

- **Toute Célébrité est toujours imitée. Si on ne t'imite pas, donc tu ne brilles pas encore.**
  Cf. « *Soyez mes imitateurs, comme je le suis moi-même de Christ.* » **1 Corinthiens 11 :1**

- **Dès que tu arrêtes de donner (offrandes, dons, aumônes...), tu vas commencer à sécher. Car ton bonheur est lié à ta libéralité.**
  Cf. « *...Il y'a plus de bonheur à donner qu'à recevoir.* » **Actes 20 : 35**

- **L'Obéissance t'amènera là où Dieu t'a promis.**
  Cf. « *Et parce que mon serviteur Caleb a été animé d'un autre esprit, et qu'il a pleinement suivi ma voie, je le ferai entrer dans le pays où il est allé, et ses descendants le posséderont.* » **Nombres14 :24**

- **Si tu prends ou fais ce que Dieu t'a interdit, tu vas rater et perdre ce qu'il t'a promis.**
  Cf. « *C'est pourquoi voici ce que dit l'Eternel, le Dieu d'Israël : J'avais déclaré que ta maison et la maison de ton père marcheraient devant moi à perpétuité. Et maintenant, dit l'Eternel, loin de moi ! Car j'honorerai celui qui m'honore, mais ceux qui me méprisent seront méprisés.* » **1 Samuel 2 :30**

- **Si ta Foi touche Dieu, ton miracle coulera.**
  Cf. « *Jésus connut aussitôt en lui-même qu'une force était sortie de lui....* » **Marc 5 :30**

- **La Prospérité te donne une renommée et embellit ta réputation.**
  Cf. « *Dieu donna à Salomon de la sagesse, une très grande intelligence, et des connaissances multipliées comme le sable qui est au bord de la mer... et sa renommée était répandue parmi toutes les nations d'alentour.* » **1Rois 4 :29-31**

- **Manger sans travailler, alimente la paresse.**
  Cf. « *Car, lorsque nous étions chez vous, nous vous disons expressément : Si quelqu'un ne veut pas travailler, qu'il ne mange pas non plus...* » **2 Thessaloniciens 3 :10-12**

- **Ta Libéralité (ou tes partages) crée le réseau de ton succès.**

Cf. « *Donnez, et il vous sera donné : on versera dans votre sein une bonne mesure, serrée, secouée et qui déborde ; car on vous mesurera avec la mesure dont vous vous serez servis.* » **Luc 6 : 38**

- **Faire quelque chose (du bien) pour le Royaume de Dieu et ta nation t'attire la faveur de Dieu et des hommes. La faveur se mérite, c'est une semence qu'il faut planter.**

Cf. « *...Il mérite que tu lui accordes cela ; car il aime notre nation, et c'est lui qui a bâti notre synagogue.* » **Luc 7 :2-5**

- **Vouloir faire quelque chose au-dessus de sa taille (financièrement) c'est de l'orgueil.**

Cf. « *La bonne volonté, quand elle existe, est agréable en raison de ce qu'elle peut avoir à sa disposition, et non de ce qu'elle n'a pas.* » **2 Corinthiens 8 :12**

- **L'Epreuve est la matrice de la gloire. Ce sont des épreuves qui donnent naissance à une gloire éclatante.**

Cf. « *Jésus leur répondit : L'heure est venue où le Fils de l'homme doit être glorifié. En vérité, en vérité je vous le dit, si le grain de blé qui est tombé en terre ne meurt, il reste seul ; mais, s'il meurt, il porte beaucoup de fruit.* » **Jn.12 :23-24**

- **Il y'a toujours un combat, un duel entre la promesse (Divine) et la faiblesse (humaine, de la chair).**

Cf. « *Lorsque je voulais guérir Israël, l'iniquité d'Ephraïm et la méchanceté de Samarie se sont révélées, Car ils ont agi frauduleusement ; Le voleur est arrivé, la bande s'est répandue au dehors.* » **Osée 7 :1**

- **Une vie de désordre détruit les rêves de la destinée.**

Cf. « *Car l'Eternel humilia Juda, à cause d'Achaz, roi d'Israël, qui avait jeté le désordre dans Juda et commis des péchés contre l'Eternel.* » **2 Chroniques 28 :19**

- **Si tu conserves ou garde ce qui est mal ou interdit, tu attireras le mal envers toi aussi. »**
  Cf. « *L'Eternel dit à Josué : Lève-toi ! pourquoi restes-tu ainsi couché sur ton visage ? Israël a péché ; ils ont transgressé mon alliance que je leur ai prescrite, ils ont pris des choses dévouées par interdit, ils les ont dérobées et ont dissimulé, et ils les ont cachées parmi leurs bagages... ; je ne serai plus avec vous, si vous ne détruisez pas l'interdit du milieu de vous.* » **Josué 7 :10-12**

- **Le Trône est transférable et la Position est mutable.**
  Cf. « *Saul mourut, parce qu'il se rendit coupable d'infidélité envers l'Eternel dont il n'observa point la parole, et qu'il parce qu'il interrogea et consulta ceux qui évoquent les mort. Il ne consulta point l'Eternel ; aussi l'Eternel le fit mourir, et transféra la royauté à David, fils d'Isai.* » **1 Chroniques 10 :13-14**

- **Etre Privé de sa présence (Divine), retarde l'accomplissement de la destinée.**
  Cf. « *De même que vous avez mis quarante jours à explorer le pays, vous porterez la peine de vos iniquités quarante années, une année pour chaque jour ; et vous saurez ce que c'est que d'être privé de sa présence.* » **Nomb.14 :34**

- **C'est la Mission Divine qui fait le Ministère.**
  Cf. « *...fais l'œuvre d'un évangéliste, remplis bien ton ministère*. » **2Timothée 4 :5**

- **Ta Sagesse révèle ta Grandeur.**
  Cf. « *Je ne croyais pas ce qu'on en disait, avant d'être venue et d'avoir vu de mes yeux. Et voici, on ne m'a raconté la moitié de la grandeur de ta sagesse. Tu surpasses ce que ta renommée m'a fait connaître.* » **2 Chroniques 9 :6**

- **En tant que Serviteur du Dieu vivant, tu es une autorité spirituelle dans la parcelle, le quartier, la zone et la ville où tu habites.**
  Cf. « *Tout lieu que foulera la plante de votre pied, je vous le donne, ...* **Josué 1 :3**

- **La Compassion créée forcement la Solution.**
  Cf. « *Jésus, ayant appelé ses disciples, dit : Je suis ému de compassion pour cette foule ; car voilà trois jours qu'ils sont près de moi, et ils n'ont rien à manger. Je ne veux pas les renvoyer à jeun, de peur que les forces ne leur manquent en chemin.* » **Matthieu 15 :32**

- **Etre dans les difficultés ce n'est pas être dans l'impossibilité. Car ce qui est difficile n'est pas forcement impossible.**

  Cf. « *Ce que le roi demande est difficile ; il n'y a personne qui puisse le dire au roi, excepté les dieux, dont la demeure n'est pas parmi les hommes.* » **Daniel 2 :11**

- **S'il n'y a pas de pureté en toi, ta Foi ne sera jamais agréée par le Dieu de la Sainteté.**

  Cf. « *En gardant la Foi et une bonne conscience. Cette conscience, quelques-uns l'ont perdue, et ils ont fait naufrage par rapport à la Foi.* » **1Timothée 1 :19**

- **Certaines femmes ont seulement l'information sur leurs maris et non la révélation de leur avenir.**

  Cf. « *Pendant le voyage, en un lieu où Moise passa la nuit, l'Eternel l'attaqua et voulut le faire mourir. Séphora (sa Femme) prit une pierre aigue, coupa le prépuce de son fils, et le jeta aux pieds de Moise, en disant : Tu es pour moi un époux de sang ! Et l'Eternel le laissa C'est alors qu'elle dit : Epoux de sang ! à cause de la circoncision.* » **Ex.4 :24-26**

- **Tant que tu n'es pas favorisé, tu ne seras jamais envié.**

  Cf. « *Quand l'Eternel approuve les voies d'un homme, il dispose favorablement à son égard même ses ennemis.* » **Proverbes 16 :7**

- **La diligence dans ton travail fera que tu puisses avoir de l'influence dans ton domaine.**

  Cf. « *La main des diligents dominera, mais la main des lâches sera tributaire.* » **Proverbes 12 :24**

- **Ton Talent est ton génie personnel.**

  Cf. « *Les présents (talents, grâces & dons) sont une pierre précieuse aux yeux de qui en reçoit ; de quelque côté qu'ils se tournent, ils ont du succès.* » **Proverbes 17 :8**

  « *C'est pourquoi je t'exhorte à ranimer le don de Dieu que tu as reçu…* » **2Timothée 1 :6**

- **Ce que tu dis se multiplie et te nourrit.**

  Cf. « *C'est du fruit de sa bouche que l'homme rassasie son corps, c'est du produit de ses lèvres qu'il se rassasie.*
  La mort et la vie sont au pouvoir de la langue ; Quiconque l'aime en mangera les fruits. »
  Proverbes 18 :20-21

- **Etre Respecter c'est différent d'être Aimer.**
  Cf. « *Le Seigneur dit : Quand ce peuple s'approche de moi, il m'honore de la bouche et des lèvres ; Mais son cœur est éloigné de moi, et la crainte qu'il a de moi n'est qu'un précepte de tradition humaine.* » **Esaïe 29 :13**

- **Le Désir le plus fort en toi détermine ton devenir.**
  Cf. « *Les désirs du paresseux le tuent, parce que ses mains refusent de travailler.* » **Proverbes 21 :25**

- **La Fidélité doit être testée avant qu'elle soit récompensée.**
  Cf. « *Il faut donc que, parmi ceux qui nous ont accompagnés tout le temps que le Seigneur Jésus a vécu avec nous, depuis le baptême de Jean jusqu'au jour où il a été enlevé du milieu de nous, il y en ait un qui nous soit associé comme témoin de sa résurrection.* » **Actes 1 :21-22**

- **Si tu ne peux pas résister à la tentation, comment pourras-tu être une solution pour ta génération ?**
  Cf. « *Veille sur toi-même et sur ton enseignement ; persévère dans ces choses, car, en agissant ainsi, tu te sauveras toi-même, et tu sauveras ceux qui t'écoutent.* » **1Timothée 4 :16**

- **Ton Attitude : mentale, émotionnelle & physique créent ton environnement.**

- **Si tu veux être vacciné contre la mendicité, tu dois être engagé dans le donné (le partage).**

- **C'est l'Ecclésiastique qui apporte la solution aux politiques.**

- **La Foi n'est pas de la souffrance mais plutôt la jouissance.**
  Cf. « *La foi est une ferme assurance des choses qu'on espère, une démonstration de celles qu'on ne voit pas.*
  Pour l'avoir possédée, les anciens ont obtenu un témoignage favorable. » **Hébreux 11 :1-2**

- **Quand l'onction sèche, la chute ou l'échec est inévitable.**
  Cf. « *L'élite d'Israël a succombé sur les collines ! Comment des héros sont-ils tombés ?... Montagnes de Guilboa ! Qu'il n'y ait sur vous ni rosée ni pluie, ni champs qui donnent des prémices pour les offrandes ! Car là ont été jetés les boucliers des héros, le bouclier de Saul ; L'huile a cessé de les oindre.* » **2 Samuel 1 : 19,21**

- **La Colère ou être en colère n'est pas un péché mais ce que tu fais dans la colère détermine si tu pèche ou pas.**
  Cf. « *Si vous vous mettez en colère, ne péchez point ; que le soleil ne se couche pas sur votre colère,*
  et ne donnez pas accès au diable. » **Ephésiens 4 :26-27**

- **Une Personne qui aime la lecture découvrira les secrets qui la feront briller dans son futur.**
  Cf. « *Que ce livre de la loi ne s'éloigne point de ta bouche ; médite-le jour et nuit, pour agir fidèlement selon tout ce qui y est écrit ; car c'est alors que tu auras du succès dans tes entreprises, c'est alors que tu réussiras.* » **Josué 1 :8**

- **La Colère manifeste la laideur à une personne tandis que la joie et le sourire font luire sa beauté.**
  Cf. « *Soyez toujours joyeux.* »**1Thessaloniciens.5 :16**

- **Ce qui te pousse à venir à l'église détermine ce que tu recevras et verras dans la présence divine.**
  Cf. « *Il avait été divinement averti par le Saint-Esprit qu'il ne mourrait point avant d'avoir vu le Christ du Seigneur.*
  Il vint au temple, poussé par l'Esprit. Et, comme les parents apportaient le petit enfant Jésus pour accomplir à son égard ce qu'ordonnait la loi,
  il le reçut dans ses bras, bénit Dieu, et dit :
  Maintenant, Seigneur, tu laisses ton serviteur s'en aller en paix, selon ta parole.
  Car mes yeux ont vu ton salut,
  Salut que tu as préparé devant tous les peuples,
  Lumière pour éclairer les nations, et gloire d'Israël, ton peuple. » **Luc 2 :26-32**

- **Il est mieux t'attendre des grandes choses divines dans une atmosphère spirituelle (Prière).**
  Cf. « *Alors ils retournèrent à Jérusalem, de la montagne appelée des oliviers, qui est près de Jérusalem à la distance d'un chemin de sabbat.*
  Quand ils furent arrivés, ils montèrent dans la chambre haute où ils se tenaient d'ordinaire...
  Tous d'un commun accord persévéraient dans la prière,... » **Actes 1 :12-14**

- **Si tu ne sais pas comment prier, tu seras une proie pour le diable.**
  Cf. « *Soyez sobres, veillez. Votre adversaire, le diable, rôde comme un lion rugissant, cherchant qui il dévorera.* » **1Pierre 5 :8**

- **La Prospérité attire les autorités et fait de toi une autorité.**
  Cf. « *Je ne le croyais pas, avant d'être venue et d'avoir vu de mes yeux. Tu as plus de sagesse et de prospérité que la renommée ne me l'a fait connaître.* » **1Rois 10 :7**

- **Chaque Percée est le résultat d'une vérité bien appliquée.**
  Cf. « *Si tu obéis à la voix de l'Eternel, ton Dieu, en observant et en mettant en pratique tous ses commandement que je te prescris aujourd'hui, l'Eternel, ton Dieu, te donnera la supériorité sur toutes les nations de la terre.* » **Deutéronome 28 :1**

- **Le Travail est l'interprète de la destinée.**
  Cf. « *Il n'y a de bonheur pour l'homme qu'à manger et à boire, et à faire jouir son âme du bien-être, au milieu de son travail ; mais j'ai vu que cela vient de Dieu.* »
  Ecclésiaste 2 :24 ;
  « *mais que, si un homme mange et boit et jouit du bien-être au milieu de tout son travail, c'est là un don de Dieu.* » **Ecclésiaste 3 :13**

- **C'est en t'agenouillant que tu seras un conquérant. Si tu ne sais pas t'agenouiller pour prier, tu n'auras pas la capacité de gagner les batailles de la vie.**
  Cf. « *Elie était un homme de la même nature que nous : il pria avec instance pour qu'il ne plût point, et il ne tomba point de pluie sur la terre pendant trois ans et six mois.*
  Puis il pria de nouveau, et le ciel donna la pluie, et la terre produisit son fruit. »
  Jacques 5 :17-18

- **Si tu as toujours l'habitude de tomber (dans le péché), tu ne vas pas évoluer.**
  Cf. « *Car il est impossible que ceux qui ont été une fois éclairés, qui ont goûté le don céleste, qui ont eu part au Saint-Esprit, 5qui ont goûté la bonne parole de Dieu et les puissances du siècle à venir, 6et qui sont tombés, soient encore renouvelés et amenés à la repentance, puisqu'ils crucifient pour leur part le Fils de Dieu et l'exposent à l'ignominie. 7Lorsqu'une terre est abreuvée par la pluie qui tombe souvent sur elle, et qu'elle produit une herbe utile à ceux pour qui elle est cultivée, elle participe à la bénédiction de Dieu; 8mais, si elle produit des épines et des chardons, elle est réprouvée et près d'être maudite, et on finit par y mettre le feu.* » **Hébreux 6 :4-8**

- **L'Etat de ton cœur affecte et détermine l'état de ton corps.**
  Cf. « *Un cœur joyeux est un bon remède, Mais un esprit abattu dessèche les os.* » **Proverbes 17 :22**

- **La Compréhension est le médicament du doute, l'antidote des plaintes et murmures.**
  Cf. « *C'est l'Éternel qui dirige les pas de l'homme, Mais l'homme peut-il comprendre sa voie?* » **Proverbes 20 :24**
  « *Il me dit: Daniel, ne crains rien; car dès le premier jour où tu as eu à cœur de comprendre, et de t'humilier devant ton Dieu, tes paroles ont été entendues, et c'est à cause de tes paroles que je viens.* » **Daniel 10 :12**

- **La Jeunesse symbolise la force et la Vieillesse symbolise l'expérience.**
  Cf. « *La force est la gloire des jeunes gens, Et les cheveux blancs sont l'ornement des vieillards.* » **Proverbes 20 :29**

- **Tant que ton intelligence n'est pas renouvelée, tu ne pourras pas comprendre sa volonté.**
  Cf. « *Ne vous conformez pas au siècle présent, mais soyez transformés par le renouvellement de l'intelligence, afin que vous discernez quelle est la volonté de Dieu, ce qui est bon, agréable et parfait.* » **Romains 12 : 2**

- **Ce que tu vois détermine ton humeur.**
  Cf. « *Ce qui plaît aux yeux réjouit le cœur ;...* » **Proverbes 15 :30**

- **L'Amertume est la plus grande ennemie du Meilleur.**
  Cf. « *Veillez à ce que nul ne se prive de la grâce de Dieu ; à ce qu''aucune racine d'amertume, poussant des rejetons, ne produise du trouble, et que plusieurs n'en soient infectés ;* » **Hébreux 12 :15**

- **Les Soucis n'ajoutent rien dans la vie.**
  Cf. « *Qui de vous, par ses inquiétudes, peut ajouter une coudée à la durée de sa vie ?* » **Matthieu 6 :27**

- **Si tu veux être vacciné contre la mendicité alors sois engagé à donner.**
  Cf. « *Que chacun donne comme il a résolu en son cœur, sans tristesse ni contrainte ; car Dieu aime celui qui donne avec joie.*
  Et Dieu peut vous combler de toutes sortes de grâces, afin que, possédant toujours en toutes choses de quoi satisfaire à tous vos besoins, vous ayez encore en abondance pour toute bonne œuvre. » **2 Corinthiens 9 :7-8**

- **Refuser de donné (ou de partager) attire la pauvreté.**
  Cf. « *Celui qui a pitié des pauvres prête à l'Eternel, qui lui rendra selon son œuvre.* » **Proverbes 19 :17**

- **La Direction t'oriente là où est ta provision, mais c'est la considération déclenche la provision.**
  Cf. « *Lorsqu'il (Jésus) eut cessé de parler, il dit à Simon : Avance en pleine eau, et jetez vos filets pour pêcher.*
  Simon lui répondit : Maître, nous avons travaillé toute la nuit sans rien prendre ; mais, sur ta parole, je jetterai le filet.
  L'ayant jeté, ils prirent une grande quantité de poissons, et leur filet se rompaient. » **Luc 5 :4-6**

- **Quand la source du problème est connue, ce problème sera résolu.**
  Cf. « *Lorsque nos ennemis apprirent que nous étions avertis, Dieu anéantit leur projet, et nous retournâmes tous à la muraille chacun à son ouvrage.* » **Néhémie 4 :15**

- **La Vision réveille l'opposition et le Rêve attire les obstacles.**
  Cf. « *Lorsque Sanballat apprit que nous rebâtissions la muraille, il fut en colère et très irrité.* » **Néhémie 4 :1** ;
  « *Car une porte grande et d'un accès efficace m'est ouverte, et les adversaires sont nombreux.* » **1 Corinthiens 16 :9**

- **Dans n'importe quelle organisation chaque opération a besoin d'une coopération.**
  Cf. « *Car nous sommes ouvriers avec Dieu. Vous êtes le champ de Dieu, l'édifice de Dieu.* » **1 Corinthiens 3 :9**

- **Etre un Signe et une Merveille, c'est être un sujet de bénédiction et d'étonnement.**
  Cf. « *Voici, moi et les enfants que l'Eternel m'a donnés, nous sommes des signes et des présages en Israël, de la part de l'Eternel des armées, qui habite sur la montagne de Sion.* » **Esaïe 8 :18**

- **L'Intégrité est l'accès à la prospérité divine.**
  Cf. « *Car l'Eternel Dieu est un soleil et un bouclier, l'Eternel donne la grâce et la gloire, il ne refuse aucun bien à ceux qui marchent dans l'intégrité.* » **Psaumes 84 :12**

- **L'Humilité du cœur te fera accéder à la grandeur sur terre.**
  Cf. « *Le fruit de l'humilité, de la crainte de l'Eternel, c'est la richesse, la gloire et la vie.* » **Proverbes 22 :4**

- **La Sagesse inspire et l'intelligence informe.**
  Cf. « *Mon Fils, sois attentif à ma sagesse, Prête l'oreille à mon intelligence.* » **Proverbes 5 :1**

- **La Sagesse est souillée dans l'impureté, assombri dans le péché mais démontrée et manifestée dans une vie de la justice et de la sainteté.**
  Cf. « *Le commencement de la sagesse, c'est la crainte de l'Eternel ; Et la science des saints, c'est l'intelligence.* » **Proverbes 9 :10**

- **Le Don (ou le cadeau) que tu donnes à une personne laisse ton image à cette personne.**
  Cf. « *Un don fait en secret apaise la colère, Et un présent fait en cachette calme une fureur violente.* » **Proverbes 21 :14**

- **La Vision sans la direction te met en stagnation.**
  Cf. « *Tes oreilles entendront derrière toi la voix qui dira : Voici le chemin, marchez-y ! Car vous iriez à droite, ou vous iriez à gauche.* » **Esaïe 30 :21**

- **Aucune force, ni opposition ne peut arrêter une personne qui est passionnée pour Dieu.**
  Cf. « *Car j'ai l'assurance que ni la mort ni la vie, ni les anges ni les dominations, ni les choses présentes ni les choses à venir, ni les puissances, ni la hauteur ni la profondeur, ni aucune autre créature ne pourra nous séparer de l'amour de Dieu manifesté en Jésus-Christ notre Seigneur.* » **Romains 8 :38-39**

- **La Dureté n'est pas forcement de la méchanceté.**
  Cf. « *Et Jésus leur dit : C'est à cause de la dureté (et non la méchanceté) de votre cœur que Moise vous a donné ce précepte.* » **Marc 10 :5**

- **Si tu ne veux pas t'améliorer, tu ne pourras pas évoluer. C'est l'amélioration qui détermine ton évolution.**

- **Si tu es engagé à le servir, il sera aussi engagé à te bénir.**
  Cf. « *Cherchez premièrement le royaume et la justice de Dieu ; et toutes ces choses vous seront données par-dessus.* » **Matthieu 6 :33**

- **Ton Engagement à ses commandements t'apportera des grands accomplissements.**
  Cf. « *Si tu obéis à la voix de l'Eternel ton Dieu, en observant et en mettant en pratique tous ces commandements que te prescris aujourd'hui, l'Eternel, ton Dieu, te donnera la supériorité sur toutes les nations de la terre.* » **Deutéronome 28 :1**

- **Si tu as besoin de la guérison divine, ta Foi est une obligation.**
  Cf. « *Puis Jésus dit au centenier : Va, qu'il te soit fait selon ta Foi. Et à l'heure même le serviteur fut guéri.* » **Matthieu 8 :10**

- **Par ta relation intime avec Dieu tu peux créer ta position sur terre.**
  Cf. « *Attache-toi donc à Dieu, et tu auras la paix ; tu jouiras ainsi du bonheur.* » **Job 22 :21**

- **Si tu ne connais pas ta mission divine sur terre à travers la vision céleste, tu seras sous l'oppression.**
  Cf. « *Mon peuple est détruit, parce qu'il lui manque la connaissance...* » **Osée 4 :6**

- **La Sagesse divine est la gâchette de la distinction dans la vie.**
  Cf. « *Il venait des gens de tous les peuples pour entendre la sagesse de Salomon, de la part de tous les rois de la terre qui avaient entendu parler de sa sagesse.* » **1 Rois 4 :34**

- **La Rébellion n'est pas de la Révolution.**
  Cf. « *Que personne ne vous séduise par de vains discours; car c'est à cause de ces choses que la colère de Dieu vient sur les fils de la rébellion.* » **Ephésiens 5 :6**

- **Le Mouvement de la connaissance amène à l'excellence.**
  Cf. « *vous connaîtrez la vérité, la vérité vous affranchira.* » **Jean 8 :32**

- **C'est la Connaissance de l'unicité de ta personnalité qui te donnera des percées. Car si tu es unique, tu seras également authentique.**

- **C'est Ta contribution à l'humanité qui te donne de la place dans la société.**

- **Ton tempérament décide de ton environnement.**

- **Ce que tu fais avec tes mains détermine ton avenir financier.**
  Cf. « *Par le fruit de la bouche, on est rassasié de biens, Et chacun reçoit selon l'œuvre de ses mains.* » **Proverbes 12 :14** ;
  « *Tout ce que ta main trouve à faire avec ta force, fais-le ;...* » **Ecclésiaste 9 :10**

- **La Réflexion est la Sentinelle de l'être humain.**
  Cf. « *La réflexion veillera sur toi, l'intelligence te gardera,...* » **Proverbes 2 :11-12**

- **En tant qu'ouvrier si tu ne connais pas ton outil** (don, talent, grâce) **tu ne seras pas utile.**
  Cf. « *Ne néglige pas le don qui est en toi...* » **1 Timothée 4 :14**
  « *Or à chacun la manifestation de l'Esprit est donnée pour l'utilité commune.* »
  1 Corinthiens 12 :7

- **La Honte est l'identité des maudits tandis que la gloire est l'identité des bénis de l'Eternel.**
Cf. « *Ainsi parle l'Éternel: Maudit soit l'homme qui se confie dans l'homme, Qui prend la chair pour son appui, Et qui détourne son cœur de l'Éternel! Il est comme un misérable dans le désert, Et il ne voit point arriver le bonheur; Il habite les lieux brûlés du désert, Une terre salée et sans habitants. Béni soit l'homme qui se confie dans l'Éternel, Et dont l'Éternel est l'espérance! Il est comme un arbre planté près des eaux, Et qui étend ses racines vers le courant; Il n'aperçoit point la chaleur quand elle vient, Et son feuillage reste vert; Dans l'année de la sécheresse, il n'a point de crainte, Et il ne cesse de porter du fruit.* »
Jérémie 17 :5-8

- **Dans la Spiritualité, il n'y a pas de neutralité :** soit tu es chaud ou froid ; du côté de Dieu ou du diable.
Cf. « *Je connais tes œuvres. Je sais que tu n'es ni froid ni bouillant. Puisses-tu être froid ou bouillant! 16Ainsi, parce que tu es tiède, et que tu n'es ni froid ni bouillant, je te vomirai de ma bouche.* » **Apocalypse 3 : 16**

- **Tant que la malédiction n'est pas ôtée, la honte ne sera pas écartée.**
Cf. « *Christ nous a rachetés de la malédiction de la loi, étant devenu malédiction pour nous, car il est écrit: Maudit est quiconque est pendu au bois, afin que la bénédiction d'Abraham eût pour les païens son accomplissement en Jésus-Christ, et que nous reçussions par la foi l'Esprit qui avait été promis.* » **Galates 3 :13-14**

- **La Foi est le noyau du christianisme, sa puissance de base. Car elle attire la visitation du rémunérateur dans ta vie pour te récompenser.**
Cf. « *Or sans la Foi il est impossible de lui être agréable ; car il faut que ceux qui s'approche de Dieu croie que Dieu existe et qu'il est le rémunérateur de ceux qui le cherchent.* »
Hébreux 11 :6

- **Toute Expérience authentique laisse toujours une évidence palpable.**
Cf. « *Car nous ne pouvons parler de ce que nous avons vu et entendu.* » **Actes 4 :20**

- **Des preuves palpables sont irréfutables.**
Cf. « *Car il est manifeste pour tous les habitants de Jérusalem qu'un miracle signalé a été accompli par eux, et nous ne pouvons le nier.* » **Actes 4 :16**

- **Quand tu es engagé à ton devoir, tu embrasseras la gloire.**

Cf. « *Si tu vois un homme habile dans son ouvrage, il se tient auprès des rois ; il ne se tient pas auprès des gens obscurs.* » **Proverbes.22 :29**

- **Ton Environnement détermine ton épanouissement.**

Cf. « *Mais Jésus leur dit : Un prophète n'est méprisé que dans sa patrie, parmi ses parents, et dans sa maison.*
Il ne put faire là aucun miracle,... » **Marc 6 :4-5**

- **C'est la Révélation qui place de la conviction dans le cœur.**

Cf. « *La révélation de tes paroles éclaire, elle donne de l'intelligence aux simples.* » **Psaumes 119 :130**

- **La Réflexion est une propriété de la Sagesse.**

Cf. « *Moi, la sagesse, j'ai pour demeure le discernement, Et je possède la science de la réflexion.* » **Proverbes 8 :12**

- **Ce qui est retardé n'est pas forcement annulé. Car c'est un miracle.**

Cf. « *Et Elie dit à Achab : Monte, mange et bois ; car il se fait un bruit qui annonce la pluie. Achab monta pour manger et pour boire. Mais Elie monta au sommet du Carmel ; et, se penchant contre terre, il mit son visage entre ses genoux,*
et dit à son serviteur : Monte regarde du côté de la mer. Le serviteur monta, il regarda, et dit : Il n'y a rien. Elie dit sept fois retourne.
A la septième fois, il dit : Voici un petit nuage qui s'élève de la mer, et dis à Achab : Attelle et descends, afin que la pluie ne t'arrête pas.
En peu d'instants, le ciel s'obscurcit par les nuages, le vent s'établit et il y eut une forte pluie. Achab monta sur son char, et partit pour Jizreel.
Et la main de l'Eternel fut sur Elie, qui se ceignit les reins et courut devant Achab jusqu'à l'entrée de Jizreel. » **1Rois 18 :41-46**

- **Nombreux des chrétiens sont à terre parce qu'ils prennent Dieu à la légère.**

Cf. « *Maintenant, à vous cet ordre, sacrificateurs !*
Si vous n'écoutez pas, si vous ne prenez pas à cœur de donner gloire à mon nom, dit l'Eternel des armées, j'enverrai parmi vous la malédiction, et je maudirai vos bénédictions ; Oui, je les maudirai, parce que vous ne l'avez pas à cœur... » **Malachie 2 :1-3**

- **Chaque bénédiction a une localisation (un lieu ou place spécifique). Et tant que tu n'es pas dans ta localisation, tu n'auras pas de satisfaction.**

Cf. « *L'Eternel dit à Abram : Va-t-en de ton pays, de ta patrie, et de la maison de ton père, dans le pays que je te montrerai.*
Je ferai de toi une grande nation, et je te bénirai ; je rendrai ton nom grand, et tu seras une source de bénédiction.
Je bénirai ceux qui te béniront, et je maudirai ceux qui te maudiront ; et toutes les familles de la terre seront bénies en toi. » **Génèse.12 :1-3**

- **Là où s'arrête ta libéralité, c'est là où s'arrêtera ta prospérité.**

Cf. « *Donnez, et il vous sera donné : on versera dans votre sein une bonne mesure, serrée, secouée et qui déborde ; car on vous mesurera avec la mesure dont vous vous serez servis.* » **Luc 6 :38**

- **Un bon Leader doit d'abord être un bon père au foyer.**

Cf. « *Cette parole est certaine: Si quelqu'un aspire à la charge d'évêque, il désire une œuvre excellente .Il faut donc que l'évêque soit irréprochable, mari d'une seule femme, sobre, modéré, réglé dans sa conduite, hospitalier, propre à l'enseignement. Il faut qu'il ne soit ni adonné au vin, ni violent, mais indulgent, pacifique, désintéressé. Il faut qu'il dirige bien sa propre maison, et qu'il tienne ses enfants dans la soumission et dans une parfaite honnêteté; car si quelqu'un ne sait pas diriger sa propre maison, comment prendra-t-il soin de l'Église de Dieu?* » **1Timothée 3 :1-5**

- **Le Travail en équipe est un réseau des idées.**

Cf. « *Les anciens de Guebal et ses ouvriers habiles étaient chez toi, Pour réparer tes fissures; Tous les navires de la mer et leurs mariniers étaient chez toi, Pour faire l'échange de tes marchandises.* » **Ézéchiel 27 :9**
« *Et je leur fis cette réponse: Le Dieu des cieux nous donnera le succès. Nous, ses serviteurs, nous nous lèverons et nous bâtirons; mais vous, vous n'avez ni part, ni droit, ni souvenir dans Jérusalem.* » **Néhémie 2 :20**

- **Ton action créée une saison pour tes résultats.**

Cf. « *Ne vous y trompez pas: on ne se moque pas de Dieu. Ce qu'un homme aura semé, il le moissonnera aussi.* » **Galates 6 :7**

- **Ce sont des perdants qui deviennent des opposants.**

- **Si tu es un flatteur, tu ne peux pas bénéficier de sa faveur.**
  Cf. « *Jamais, en effet, nous n'avons usé de paroles flatteuses, comme vous le savez; jamais nous n'avons eu la cupidité pour mobile, Dieu en est témoin.* »**1 Thessaloniciens 2 :5**

- **Il ne faut pas confondre pauvreté avec humilité.**
  Cf. « *Heureux les pauvres en esprit, car le royaume des cieux est à eux!* » **Matthieu 5 :3**

- **Tes actions du présent dessinent ton avenir.**
  Cf. « *Ne vous y trompez pas: on ne se moque pas de Dieu. Ce qu'un homme aura semé, il le moissonnera aussi. Celui qui sème pour sa chair moissonnera de la chair la corruption; mais celui qui sème pour l'Esprit moissonnera de l'Esprit la vie éternelle. Ne nous lassons pas de faire le bien; car nous moissonnerons au temps convenable, si nous ne nous relâchons pas. Ainsi donc, pendant que nous en avons l'occasion, pratiquons le bien envers tous, et surtout envers les frères en la foi.* » **Galates 6 :7-10**

- **Le Fait de demeurer dans le passée au niveau de ta pensée, ralenti la destinée.**
  Cf. « *Ne pensez plus aux événements passés, Et ne considérez plus ce qui est ancien. Voici, je vais faire une chose nouvelle, sur le point d'arriver: Ne la connaîtrez-vous pas? Je mettrai un chemin dans le désert, Et des fleuves dans la solitude.* » **Esaïe 43 :18-19**

- **Tes Déclarations déterminent tes réalisations.**
  Cf. « *Dis-leur: Je suis vivant! Dit l'Éternel, je vous ferai ainsi que vous avez parlé à mes oreilles.* » **Nombres 14 :28**

- **Tes déclarations positives faites avec Foi, précèdent la manifestation des anges (qui travaillent en ta faveur).**
  Cf. « *Bénissez l'Éternel, vous ses anges, Qui êtes puissants en force, et qui exécutez ses ordres, En obéissant à la voix de sa parole!* » **Psaumes 103 :20** ;
  « *Et auquel des anges a-t-il jamais dit: Assieds-toi à ma droite, Jusqu'à ce que je fasse de tes ennemis ton marchepied? Ne sont-ils pas tous des esprits au service de Dieu, envoyés pour exercer un ministère en faveur de ceux qui doivent hériter du salut?* »
  Hébreux 1 :13-14

- **Si tu es capable, tu es aussi responsable. Car ta capacité c'est l'introduction de ta responsabilité.**
  Cf. « *Moïse choisit des hommes capables parmi tout Israël, et il les établit chefs du peuple, chefs de mille, chefs de cent, chefs de cinquante et chefs de dix.* » **Exode 18 :25**

- # Tu ne peux que rencontrer l'opposition au sein de ta vocation.

Cf. « *Les Juifs faisant alors de l'opposition et se livrant à des injures...* » **Actes 18 :6** ; « *Car une porte grande et d'un accès efficace m'est ouverte, et les adversaires sont nombreux.* » **1Corinthiens 16 :9**

- # La Foi c'est agir selon la parole de Dieu afin de produire.

Cf. « *Alors, promenant ses regards sur eux tous, il dit à l'homme: Étends ta main. Il le fit, et sa main fut guérie.* » **Luc 6 :10**

- # Ceux qui ont la volonté de partager, créent leurs prospérités.

Cf. « *Je vous ai montré de toutes manières que c'est en travaillant ainsi qu'il faut soutenir les faibles, et se rappeler les paroles du Seigneur, qui a dit lui-même: Il y a plus de bonheur à donner qu'à recevoir.* » **Actes 20 :35**

- # L'Etat de ton cœur détermine la valeur de ton offrande.

Cf. « *Au bout de quelque temps, Caïn fit à l'Éternel une offrande des fruits de la terre; 4et Abel, de son côté, en fit une des premiers-nés de son troupeau et de leur graisse. L'Éternel porta un regard favorable sur Abel et sur son offrande; 5mais il ne porta pas un regard favorable sur Caïn et sur son offrande. Caïn fut très irrité, et son visage fut abattu.* » **Genèse 4 :3-5**

- # La Santé de ton foyer détermine la santé et le succès de ton entreprise ou le ministère divin.

Cf. « **...** *Il faut qu'il dirige bien sa propre maison, et qu'il tienne ses enfants dans la soumission et dans une parfaite honnêteté; car si quelqu'un ne sait pas diriger sa propre maison, comment prendra-t-il soin de l'Église de Dieu?* » **1Timothée 3 :1-5**

- # La domination est ton statut surnaturel. Le mandat de dominer c'est le mandat de régner.

Cf. « *Dieu créa l'homme à son image, il le créa à l'image de Dieu, il créa l'homme et la femme. Dieu les bénit, et Dieu leur dit: Soyez féconds, multipliez, remplissez la terre, et l'assujettissez; et dominez sur les poissons de la mer, sur les oiseaux du ciel, et sur tout animal qui se meut sur la terre.* » **Genèse 1 :27-28**

- **Le mandat de la Domination est une Autorisation divine. Et quand tu as cette autorisation, tu portes l'autorité. Tant que tu ne vas pas comprendre la racine de ton mandat de la domination, tu seras toujours victime des intimidations sataniques dans toutes ses formes.**
  Cf. « *Vous, petits-enfants, vous êtes de Dieu, et vous les avez vaincus, parce que celui qui est en vous est plus grand que celui qui est dans le monde.* » **1Jean 4 :4**

- **On domine toujours « Sur » et non « Sous » ; si tu es sous la malédiction et une oppression quelconque, tu n'opères pas encore avec ce mandat de la domination.**
  Cf. « *Voici, je vous ai donné le pouvoir de marcher sur les serpents et les scorpions, et sur toute la puissance de l'ennemi; et rien ne pourra vous nuire.* » **Luc 10 :19**

- **Un Intercesseur est un négociateur. Car l'intercession est un acte de négociation avec le Seigneur notre Dieu.**
  Cf. « *... Et l'Éternel dit: Le cri contre Sodome et Gomorrhe s'est accru, et leur péché est énorme. C'est pourquoi je vais descendre, et je verrai s'ils ont agi entièrement selon le bruit venu jusqu'à moi; et si cela n'est pas, je le saurai. Les hommes s'éloignèrent, et allèrent vers Sodome.* ***Mais Abraham se tint encore en présence de l'Éternel. Abraham s'approcha, et dit****: Feras-tu aussi périr le juste avec le méchant? Peut-être y a-t-il cinquante justes au milieu de la ville: les feras-tu périr aussi, et ne pardonneras-tu pas à la ville à cause des cinquante justes qui sont au milieu d'elle? Faire mourir le juste avec le méchant, en sorte qu'il en soit du juste comme du méchant, loin de toi cette manière d'agir! Loin de toi! Celui qui juge toute la terre n'exercera-t-il pas la justice? Et l'Éternel dit: Si je trouve dans Sodome cinquante justes au milieu de la ville, je pardonnerai à toute la ville, à cause d'eux.* ***Abraham reprit, et dit****: Voici, j'ai osé parler au Seigneur, moi qui ne suis que poudre et cendre. Peut-être des cinquante justes en manquera-t-il cinq: pour cinq, détruiras-tu toute la ville? Et l'Éternel dit: Je ne la détruirai point, si j'y trouve quarante-cinq justes.* ***Abraham continua de lui parler, et dit****: Peut-être s'y trouvera-t-il quarante justes. Et l'Éternel dit: Je ne ferai rien, à cause de ces quarante. Abraham dit: Que le Seigneur ne s'irrite point, et je parlerai. Peut-être s'y trouvera-t-il trente justes. Et l'Éternel dit: Je ne ferai rien, si j'y trouve trente justes.* ***Abraham dit****: Voici, j'ai osé parler au Seigneur. Peut-être s'y trouvera-t-il vingt justes. Et l'Éternel dit: Je ne la détruirai point, à cause de ces vingt.* ***Abraham dit:*** *Que le Seigneur ne s'irrite point, et je ne parlerai plus que cette fois. Peut-être s'y trouvera-t-il dix justes. Et l'Éternel dit: Je ne la détruirai point, à cause de ces dix justes. L'Éternel s'en alla lorsqu'il eut achevé de parler à Abraham. Et Abraham retourna dans sa demeure.* » **Genèse 18 :20-33** ;

« *Plaidez votre cause, Dit l'Éternel; Produisez vos moyens de défense, Dit le roi de Jacob.* » **Esaïe 41 :21** ;

« *Réveille ma mémoire, plaidons ensemble, Parle toi-même, pour te justifier.* » **Esaïe 43 :26**

- **La Présence de Dieu valorise la grâce divine. Sans sa présence, la grâce est vaine.**

Cf. « *Comment sera-t-il donc certain que j'ai trouvé grâce à tes yeux, moi et ton peuple? Ne sera-ce pas quand tu marcheras avec nous, et De 4:7.quand nous serons distingués, moi et ton peuple, de tous les peuples qui sont sur la face de la terre?* » **Exode 33 :16**

- **La souffrance dans ta vie défie ta confiance en Dieu. Alors il ne faut pas se laisser abattu.**

Cf. « *Si l'homme une fois mort pouvait revivre, J'aurais de l'espoir tout le temps de mes souffrances, Jusqu'à ce que mon état vînt à changer.* » **Job 14 :14** ;
« *Mais je sais que mon rédempteur est vivant, Et qu'il se lèvera le dernier sur la terre. Quand ma peau sera détruite, il se lèvera; Quand je n'aurai plus de chair, je verrai Dieu. Je le verrai, et il me sera favorable; Mes yeux le verront, et non ceux d'un autre; Mon âme languit d'attente au-dedans de moi.* » **Job 19 :25-27**

- **L'inspiration est la force derrière chaque mobilisation. Quand vous êtes inspirés alors vous pouvez mobiliser des gens autour de vous.**

- **S'il n'y a pas de pureté en toi, ta foi ne sera jamais agréer par le Dieu de la Sainteté.**

Cf. « *en gardant la foi et une bonne conscience. Cette conscience, quelques-uns l'ont perdue, et ils ont fait naufrage par rapport à la foi.* » **1 Timothée 1 :19**

- **Si tu es réellement tu es convaincu, tu ne seras pas vaincu.**

Cf. « *Qui nous séparera de l'amour de Christ? Sera-ce la tribulation, ou l'angoisse, ou la persécution, ou la faim, ou la nudité, ou le péril, ou l'épée? Selon qu'il est écrit: C'est à cause de toi qu'on nous met à mort tout le jour, Qu'on nous regarde comme des brebis destinées à la boucherie. Mais dans toutes ces choses nous sommes plus que vainqueurs par celui qui nous a aimés. Car j'ai l'assurance que ni la mort ni la vie, ni les anges ni les dominations, ni les choses présentes ni les choses à venir, ni les puissances, ni la hauteur, ni la profondeur, ni aucune autre créature ne pourra nous séparer de l'amour de Dieu manifesté en Jésus-Christ notre Seigneur.* » **Romains 8 :35-39**

❖ **Un Homme qui aime la lecture découvrira tôt ou tard dans cette passion les secrets qui le feront briller dans son futur.**

Cf. « *Il se rendit à Nazareth, où il avait été élevé, et, selon sa coutume, il entra dans la synagogue le jour du sabbat.* ***Il se leva pour faire la lecture****, et on lui remit le livre du prophète Ésaïe. L'ayant déroulé, il trouva l'endroit où il était écrit: L'Esprit du Seigneur est sur moi, Parce qu'il m'a oint pour annoncer une bonne nouvelle aux pauvres; Il m'a envoyé pour guérir ceux qui ont le cœur brisé, Pour proclamer aux captifs la délivrance, Et aux aveugles le recouvrement de la vue, Pour renvoyer libres les opprimés, Pour publier une année de grâce du Seigneur. Ensuite, il roula le livre, le remit au serviteur, et s'assit. Tous ceux qui se trouvaient dans la synagogue avaient les regards fixés sur lui. Alors il commença à leur dire: Aujourd'hui cette parole de l'Écriture, que vous venez d'entendre, est accomplie.* » **Luc 4 :16-21**

« *Que ce livre de la loi ne s'éloigne point de ta bouche; médite-le jour et nuit, pour agir fidèlement selon tout ce qui y est écrit; car c'est alors que tu auras du succès dans tes entreprises, c'est alors que tu réussiras.* » **Josué 1 :8**

❖ **La Religion est la sœur jumelle de la tradition.**

❖ **Si tu n'es pas sérieux, tu n'auras rien de glorieux.**

❖ **Les alliance ou anneaux du mariage ne sont pas des menottes.**

❖ **Un homme colérique est un homme éveillé, zélé et passionné pour redresser ce qui est courbé.**

Cf. « *La Pâque des Juifs était proche, et Jésus monta à Jérusalem. Il trouva dans le temple les vendeurs de bœufs, de brebis et de pigeons, et les changeurs assis. Ayant fait un fouet avec des cordes, il les chassa tous du temple, ainsi que les brebis et les bœufs; il dispersa la monnaie des changeurs, et renversa les tables; et il dit aux vendeurs de pigeons: Otez cela d'ici, ne faites pas de la maison de mon Père une maison de trafic. Ses disciples se souvinrent qu'il est écrit: Le zèle de ta maison me dévore.* » **Jean 2 : 13-17**

❖ **Tant que ton intelligence n'est pas renouvelée, tu ne pourras pas comprendre sa volonté.**

Cf. « *Ne vous conformez pas au siècle présent, mais soyez transformés par le renouvellement de l'intelligence, afin que vous discerniez quelle est la volonté de Dieu, ce qui est bon, agréable et parfait.* » **Romains 12 :2**

❖ **Dès que tu as peur, tu perds. Car la peur est le début de tout échec.**

Cf. « *Ce que je crains, c'est ce qui m'arrive; Ce que je redoute, c'est ce qui m'atteint. Je n'ai ni tranquillité, ni paix, ni repos, Et le trouble s'est emparé de moi.* » **Job 3 :25-26**

❖ C'est de la Repentance pure et sincère qui précède une délivrance authentique.

Cf. « *Lorsque Simon vit que le Saint-Esprit était donné par l'imposition des mains des apôtres, il leur offrit de l'argent, en disant: Accordez-moi aussi ce pouvoir, afin que celui à qui j'imposerai les mains reçoive le Saint-Esprit. Mais Pierre lui dit: Que ton argent périsse avec toi, puisque tu as cru que le don de Dieu s'acquérait à prix d'argent! Il n'y a pour toi ni part ni lot dans cette affaire, car ton cœur n'est pas droit devant Dieu. Repens-toi donc de ta méchanceté, et prie le Seigneur pour que la pensée de ton cœur te soit pardonnée, s'il est possible; car je vois que tu es dans un fiel amer et dans les liens de l'iniquité. Simon répondit: Priez vous-mêmes le Seigneur pour moi, afin qu'il ne m'arrive rien de ce que vous avez dit.* » **Actes 8 : 18-24**

❖ Si Dieu peut t'entendre, il va descendre pour te répondre.

Cf. « *L'Éternel dit: J'ai vu la souffrance de mon peuple qui est en Égypte, et j'ai entendu les cris que lui font pousser ses oppresseurs, car je connais ses douleurs. Je suis descendu pour le délivrer de la main des Égyptiens, et pour le faire monter de ce pays dans un bon et vaste pays, dans un pays où coulent le lait et le miel, dans les lieux qu'habitent les Cananéens, les Héthiens, les Amoréens, les Phéréziens, les Héviens et les Jébusiens. Voici, les cris d'Israël sont venus jusqu'à moi, et j'ai vu l'oppression que leur font souffrir les Égyptiens. Maintenant, va, je t'enverrai auprès de Pharaon, et tu feras sortir d'Égypte mon peuple, les enfants d'Israël.* » **Exode 3 : 7-10**

❖ La Foi démontrée, déstabilise les forces démoniaques et mobilise les ressources angéliques.

Cf. « *Des gens vinrent à lui, amenant un paralytique porté par quatre hommes. Comme ils ne pouvaient l'aborder, à cause de la foule, ils découvrirent le toit de la maison où il était, et ils descendirent par cette ouverture le lit sur lequel le paralytique était couché. Jésus, voyant leur foi, dit au paralytique: Mon enfant, tes péchés sont pardonnés. Il y avait là quelques scribes, qui étaient assis, et qui se disaient au-dedans d'eux: Comment cet homme parle-t-il ainsi? Il blasphème. Qui peut pardonner les péchés, si ce n'est Dieu seul? Jésus, ayant aussitôt connu par son esprit ce qu'ils pensaient au-dedans d'eux, leur dit: Pourquoi avez-vous de telles pensées dans vos cœurs? Lequel est le plus aisé, de dire au paralytique: Tes péchés sont pardonnés, ou de dire: Lève-toi, prends ton lit, et marche? Or, afin que vous sachiez que le Fils de l'homme a sur la terre le pouvoir de pardonner les péchés: Je te l'ordonne, dit-il au paralytique, lève-toi, prends ton lit, et va dans ta maison. Et, à l'instant, il se leva, prit son lit, et sortit en présence de tout le monde, de sorte qu'ils étaient tous dans l'étonnement et glorifiaient Dieu, disant: Nous n'avons jamais rien vu de pareil.* » **Marc 2 : 3-12**

❖ Ton intégrité envers Dieu et les hommes fait ta publicité dans le camp de tes Ennemis.

Cf. « *L'Éternel dit à Satan: As-tu remarqué mon serviteur Job? Il n'y a personne comme lui sur la terre; c'est un homme intègre et droit, craignant Dieu, et se détournant du mal. Il demeure ferme dans son intégrité, et tu m'excites à le perdre sans motif.* » **Job 2 :3**

❖ La vie chrétienne fait sortir des épines quand tu vis dans les murmures.

Cf. « *Ne murmurez point, comme murmurèrent quelques-uns d'eux, qui périrent par l'exterminateur.* » **1 Corinthiens 10 :10**

❖ **L'amertume dans les cœurs crée des murs et blocages dans la vie.**

Cf. « *Veillez à ce que nul ne se prive de la grâce de Dieu; à ce qu'aucune racine d'amertume, poussant des rejetons, ne produise du trouble, et que plusieurs n'en soient infectés;* » **Hébreux 12 :15**

❖ **C'est ta bonté qui détermine ta beauté et non vise versa.**

Cf. « *Ce qui fait le charme d'un homme, c'est sa bonté...* » **Proverbes 19 :22**

❖ **C'est la profondeur de ton humilité qui détermine la hauteur de ta grâce.**

Cf. « *Ayez en vous les sentiments qui étaient en Jésus-Christ, lequel, existant en forme de Dieu, n'a point regardé comme une proie à arracher d'être égal avec Dieu, mais s'est dépouillé lui-même, en prenant une forme de serviteur, en devenant semblable aux hommes; et ayant paru comme un simple homme, il s'est humilié lui-même, se rendant obéissant jusqu'à la mort, même jusqu'à la mort de la croix. C'est pourquoi aussi Dieu l'a souverainement élevé, et lui a donné le nom qui est au-dessus de tout nom, afin qu'au nom de Jésus tout genou fléchisse dans les cieux, sur la terre et sous la terre, et que toute langue confesse que Jésus-Christ est Seigneur, à la gloire de Dieu le Père.* »
Philippiens 2 :5-11

❖ **L'obéissance c'est l'argent sous la forme d'attitude.**

Cf. « *Si tu obéis à la voix de l'Éternel, ton Dieu, en observant et en mettant en pratique tous ses commandements que je te prescris aujourd'hui, l'Éternel, ton Dieu, te donnera la supériorité sur toutes les nations de la terre. Voici toutes les bénédictions qui se répandront sur toi et qui seront ton partage, lorsque tu obéiras à la voix de l'Éternel, ton Dieu: Tu seras béni dans la ville, et tu seras béni dans les champs. Le fruit de tes entrailles, le fruit de ton sol, le fruit de tes troupeaux, les portées de ton gros et de ton menu bétail, toutes ces choses seront bénies. Ta corbeille et ta huche seront bénies. Tu seras béni à ton arrivée, et tu seras béni à ton départ. L'Éternel te donnera la victoire sur tes ennemis qui s'élèveront contre toi; ils sortiront contre toi par un seul chemin, et ils s'enfuiront devant toi par sept chemins. L'Éternel ordonnera à la bénédiction d'être avec toi dans tes greniers et dans toutes tes entreprises. Il te bénira dans le pays que l'Éternel, ton Dieu, te donne. Tu seras pour l'Éternel un peuple saint, comme il te l'a juré, lorsque tu observeras les commandements de l'Éternel, ton Dieu, et que tu marcheras dans ses voies. Tous les peuples verront que tu es appelé du nom de l'Éternel, et ils te craindront.*
L'Éternel te comblera de biens, en multipliant le fruit de tes entrailles, le fruit de tes troupeaux et le fruit de ton sol, dans le pays que l'Éternel a juré à tes pères de te donner. L'Éternel t'ouvrira son bon trésor, le ciel, pour envoyer à ton pays la pluie en son temps et pour bénir tout le travail de tes mains; tu prêteras à beaucoup de nations, et tu n'emprunteras point. L'Éternel fera de toi la tête et non la queue, tu seras toujours en haut et tu ne seras jamais en bas, lorsque tu obéiras aux commandements de l'Éternel, ton Dieu, que je te prescris aujourd'hui, lorsque tu les observeras et les mettras en pratique, et que tu ne te détourneras ni à droite ni à gauche de tous les commandements que je vous donne aujourd'hui, pour aller après d'autres dieux et pour les servir. » **Deutéronome 28 :1-14**

❖ **La séduction ne respecte pas l'onction ; seule la discipline suffit. Une personne pleine d'onction n'est pas à l'abri de la tentation ou de séduction.**

Cf. « *Alors Jésus fut emmené par* ***l'Esprit*** *(récipient de l'onction de Dieu) dans le désert, pour être tenté par le diable (l'instigateur de la Séduction).* » **Matthieu 4 : 11**

❖ **Si tu veux produire quelque chose de bon et de meilleur, il faut savoir se concentrer. Car la Concentration te met en état de gestation pour ta bénédiction.**

❖ **Le témoignage de Christ raconté est une prédication déjà approuvée, une prophétie et un chandelier.**

Cf. « *A la loi et au témoignage! Si l'on ne parle pas ainsi, Il n'y aura point d'aurore pour le peuple.* » **Esaïe 8 :20** ;

« *Ils l'ont vaincu à cause du sang de l'agneau et à cause de la parole de leur témoignage, et ils n'ont pas aimé leur vie jusqu'à craindre la mort.* » **Apocalypse 12 :11**

❖ **Celui qui ignore sa source de provenance, son origine, n'ira nulle part dans la vie. Si tu ne sais pas d'où tu viens, tu ne sauras pas non plus d'où tu vas.**

Cf. « *Enfants, obéissez à vos parents, selon le Seigneur, car cela est juste. Honore ton père et ta mère (c'est le premier commandement avec une promesse), afin que tu sois heureux et que tu vives longtemps sur la terre.* » **Éphésiens 6 :1-3**

❖ **Chaque bénédiction a une localisation.**

Cf. « *L'Éternel dit à Abram: Va-t'en de ton pays, de ta patrie, et de la maison de ton père, dans le pays que je te montrerai. Je ferai de toi une grande nation, et je te bénirai; je rendrai ton nom grand, et tu seras une source de bénédiction.* » **Genèse 12 : 1-2** ;

« *Il y eut une famine dans le pays, outre la première famine qui eut lieu du temps d'Abraham; et Isaac alla vers Abimélec, roi des Philistins, à Guérar. L'Éternel lui apparut, et dit: Ne descends pas en Égypte, demeure dans le pays que je te dirai. Séjourne dans ce pays-ci: je serai avec toi, et je te bénirai, car je donnerai toutes ces contrées à toi et à ta postérité, et je tiendrai le serment que j'ai fait à Abraham, ton père. Je multiplierai ta postérité comme les étoiles du ciel; je donnerai à ta postérité toutes ces contrées; et toutes les nations de la terre seront bénies en ta postérité,* » **Genèse 26 :2-5**

❖ Celui qui méprise la prophétie (ou l'Ainsi dit le Seigneur), ne jouira jamais de son accomplissement.

Cf. « *Élisée dit: Écoutez la parole de l'Éternel! Ainsi parle l'Éternel: Demain, à cette heure, on aura une mesure de fleur de farine pour un sicle et deux mesures d'orge pour un sicle, à la porte de Samarie. L'officier sur la main duquel s'appuyait le roi répondit à l'homme de Dieu: Quand l'Éternel ferait des fenêtres au ciel, pareille chose arriverait-elle? Et Élisée dit: Tu le verras de tes yeux; mais tu n'en mangeras point.* » **2 Rois 7 :1-2,**

« *Le peuple sortit, et pilla le camp des Syriens. Et l'on eut une mesure de fleur de farine pour un sicle et deux mesures d'orge pour un sicle, selon la parole de l'Éternel. Le roi avait remis la garde de la porte à l'officier sur la main duquel il s'appuyait; mais cet officier fut écrasé à la porte par le peuple et il mourut, selon la parole qu'avait prononcée l'homme de Dieu quand le roi était descendu vers lui. L'homme de Dieu avait dit alors au roi: On aura deux mesures d'orge pour un sicle et une mesure de fleur de farine pour un sicle, demain, à cette heure, à la porte de Samarie. Et l'officier avait répondu à l'homme de Dieu: Quand l'Éternel ferait des fenêtres au ciel, pareille chose arriverait-elle? Et Élisée avait dit: Tu le verras de tes yeux; mais tu n'en mangeras point. C'est en effet ce qui lui arriva: il fut écrasé à la porte par le peuple, et il mourut.* » **2 Rois 7 : 16-20**

❖ La Sagesse et la richesse de Dieu dans ta vie se transformeront en vanité si tu continues à vivre dans le péché.

Cf. « *Maintenant, que la crainte de l'Éternel soit sur vous; veillez sur vos actes car il n'y a chez l'Éternel, notre Dieu, ni iniquité, ni égards pour l'apparence des personnes, ni acceptation de présents.* » **2 Chroniques 19 :7**

❖ La Percée dans la vie n'est pas une affaire d'aller à l'Etranger mais d'être au centre de sa volonté (de Dieu).

Cf. « *Il y eut une famine dans le pays, outre la première famine qui eut lieu du temps d'Abraham; et Isaac alla vers Abimélec, roi des Philistins, à Guérar. L'Éternel lui apparut, et dit: Ne descends pas en Égypte, demeure dans le pays que je te dirai. Séjourne dans ce pays-ci: je serai avec toi, et je te bénirai, car je donnerai toutes ces contrées à toi et à ta postérité, et je tiendrai le serment que j'ai fait à Abraham, ton père. Je multiplierai ta postérité comme les étoiles du ciel; je donnerai à ta postérité toutes ces contrées; et toutes les nations de la terre seront bénies en ta postérité, parce qu'Abraham a obéi à ma voix, et qu'il a observé mes ordres, mes commandements, mes statuts et mes lois. Et Isaac resta à Guérar... Isaac sema dans ce pays, et il recueillit cette année le centuple; car l'Éternel le bénit. Cet homme devint riche, et il alla s'enrichissant de plus en plus, jusqu'à ce qu'il devint fort riche. Il avait des troupeaux de menu bétail et des troupeaux de gros bétail, et un grand nombre de serviteurs: aussi les Philistins lui portèrent envie.* » **Genèse 26 :1-5, 12-14**

❖ Dieu pèse nos actions pour déterminer son intervention ou sa manifestation.

Cf. « *Et voici l'explication de ces mots. Compté: Dieu a compté ton règne, et y a mis fin. Pesé: Tu as été pesé dans la balance, et tu as été trouvé léger. Divisé: Ton royaume sera divisé, et donné aux Mèdes et aux Perses.* » **Daniel 5 :26-28**

- **La Méditation te permet d'avoir les yeux de l'aigle afin de voir plus loin. Et elle créée ton avenir.**

Cf. « *Que ce livre de la loi ne s'éloigne point de ta bouche; médite-le jour et nuit, pour agir fidèlement selon tout ce qui y est écrit; car c'est alors que tu auras du succès dans tes entreprises, c'est alors que tu réussiras.* » **Josué 1 : 8**

- **Ton humeur dans le désert déterminera ton entrée en Canaan (ta terre promise) ou ta mort dans ce lieu aride.**

Cf. « *Et l'Éternel dit: Je pardonne, comme tu l'as demandé. Mais, je suis vivant! Et la gloire de l'Éternel remplira toute la terre. Tous ceux qui ont vu ma gloire, et les prodiges que j'ai faits en Égypte et dans le désert, qui m'ont tenté déjà dix fois, et qui n'ont point écouté ma voix, tous ceux-là ne verront point le pays que j'ai juré à leurs pères de leur donner, tous ceux qui m'ont méprisé ne le verront point. Et parce que mon serviteur Caleb a été animé d'un autre esprit, et qu'il a pleinement suivi ma voie, je le ferai entrer dans le pays où il est allé, et ses descendants le posséderont.* » **Nombre 14 :20-24**

- **La louange est le quartier général de l'Eternel des Armées.**

Cf. « *Pourtant tu es le Saint, Tu sièges au milieu des louanges d'Israël.* » **Psaumes 22 :4**

- **Ceux qui ont créé ta douleur d'hier ou d'aujourd'hui, ne pourront pas contrôler ton bonheur du lendemain.**

Cf. « *Vous aviez médité de me faire du mal: Dieu l'a changé en bien, pour accomplir ce qui arrive aujourd'hui, pour sauver la vie à un peuple nombreux.* » **Genèse 50 :20**

- **La position de tes paroles prononcées ou déclarées déterminera la position de la vie.**

Cf. « *C'est du fruit de sa bouche que l'homme rassasie son corps. C'est du produit de ses lèvres qu'il se rassasie. La mort et la vie sont au pouvoir de la langue; Quiconque l'aime en mangera les fruits.* » **Proverbes 18 : 20-21**

- **Avoir les regrets pour ton passé te poussera à faire des erreurs dans ta vie présente et t'aveugle l'avenir.**

Cf. « *Ton ancienne prospérité semblera peu de chose, Celle qui t'est réservée sera bien plus grande.* » **Job 8 :7** ;

« *Ne pensez plus aux événements passés, Et ne considérez plus ce qui est ancien. Voici, je vais faire une chose nouvelle, sur le point d'arriver: Ne la connaîtrez-vous pas? Je mettrai un chemin dans le désert, Et des fleuves dans la solitude.* » **Esaïe 43 :18-19**

- **C'est ta Foi qui détermine ta rapidité dans la destinée en christ.**

Cf. « *Or la foi est une ferme assurance des choses qu'on espère, une démonstration de celles qu'on ne voit pas. Pour l'avoir possédée, les anciens ont obtenu un témoignage favorable.* » **Hébreux 11 :1-2**

- **Tout devient possible dans ta vie quand Dieu est en mouvement en ta faveur. Et c'est ta Foi qui le met en mouvement.**

Cf. « *Or sans la foi il est impossible de lui être agréable; car il faut que celui qui s'approche de Dieu croie que Dieu existe, et qu'il est le rémunérateur de ceux qui le cherchent.* » **Hébreux 11 :6**

- **L'information (séculière ou spirituelle) doit être la fondation de toute formation et épanouissement dans la vie.**

Cf. « *dès ton enfance, tu connais les saintes lettres, qui peuvent te rendre sage à salut par la foi en Jésus-Christ.* » **2 Timothée 3 :15**

- **Si toutes les bonnes informations que tu as reçues lors de ta formation ne s'arrêtent qu'à la documentation sans application, tu ne verras jamais la distinction.**

Cf. « *Si vous savez ces choses, vous êtes heureux, pourvu que vous les pratiquiez.* » **Jean 13 :17**

- **L'ignorance est la mère de la souffrance et la nuit de la pensée.**

Cf. « *Mon peuple est détruit, parce qu'il lui manque la connaissance. Puisque tu as rejeté la connaissance, Je te rejetterai, et tu seras dépouillé de mon sacerdoce; Puisque tu as oublié la loi de ton Dieu, J'oublierai aussi tes enfants.* » **Osée 4 :6**

- **C'est la connaissance de ta position dans l'œuvre de la rédemption en christ qui annule toute condamnation en ta faveur.**

Cf. « *Christ nous a rachetés de la malédiction de la loi, étant devenu malédiction pour nous, car il est écrit: Maudit est quiconque est pendu au bois, afin que la bénédiction d'Abraham eût pour les païens son accomplissement en Jésus-Christ, et que nous reçussions par la foi l'Esprit qui avait été promis.* » **Galates 3 :13-14**

« *Il n'y a donc maintenant aucune condamnation pour ceux qui sont en Jésus-Christ.* » **Romains 8 :1**

❖ C'est l'ignorance de ta position en Christ qui te met en condamnation.

Cf. « *il a effacé l'acte dont les ordonnances nous condamnaient et qui subsistait contre nous, et il l'a détruit en le clouant à la croix; il a dépouillé les dominations et les autorités, et les a livrées publiquement en spectacle, en triomphant d'elles par la croix.* » **Colossiens 2 :14-15**

❖ Quand tu as un secret, ça te rend mystérieux, sacré et respectable.

Cf. « *Il répondit: Il vous a été donné de connaître les mystères du royaume de Dieu; mais pour les autres, cela leur est dit en paraboles, afin qu'en voyant ils ne voient point, et qu'en entendant ils ne comprennent point.* » **Luc 8 :10**

❖ Les secrets livrés ou révélés à des mauvaises personnes et au mauvais moment créent des tensions et des batailles dans la destinée et retardent aussi l'accomplissement.

Cf. « *Six jours après, Jésus prit avec lui Pierre, Jacques, et Jean, son frère, et il les conduisit à l'écart sur une haute montagne. Il fut transfiguré devant eux; son visage resplendit comme le soleil, et ses vêtements devinrent blancs comme la lumière. Et voici, Moïse et Élie leur apparurent, s'entretenant avec lui. Pierre, prenant la parole, dit à Jésus: Seigneur, il est bon que nous soyons ici; si tu le veux, je dresserai ici trois tentes, une pour toi, une pour Moïse, et une pour Élie. Comme il parlait encore, une nuée lumineuse les couvrit. Et voici, une voix fit entendre de la nuée ces paroles: Celui-ci est mon Fils bien-aimé, en qui j'ai mis toute mon affection: Lorsqu'ils entendirent cette voix, les disciples tombèrent sur leur face, et furent saisis d'une grande frayeur. Mais Jésus, s'approchant, les toucha, et dit: Levez-vous, n'ayez pas peur! Ils levèrent les yeux, et ne virent que Jésus seul. Comme ils descendaient de la montagne, Jésus leur donna cet ordre:* ***Ne parlez à personne de cette vision, jusqu'à ce que le Fils de l'homme soit ressuscité des morts.*** » **Matthieu 17 :1-9**

❖ C'est ton humilité qui détermine ton ascension dans la vie et non tes diplômes.

Cf. « *De même, vous qui êtes jeunes, soyez soumis aux anciens. Et tous, dans vos rapports mutuels, revêtez-vous d'humilité; car Dieu résiste aux orgueilleux, Mais il fait grâce aux humbles .Humiliez-vous donc sous la puissante main de Dieu, afin qu'il vous élève au temps convenable;* »**1 Pierre 5 :5-6**

❖ Une congrégation chrétienne sans onction devient une simple mutuelle de solidarité.

Cf. « L'Esprit du Seigneur est sur moi, Parce qu'il m'a oint pour annoncer une bonne nouvelle aux pauvres; Il m'a envoyé pour guérir ceux qui ont le cœur brisé, Pour proclamer aux captifs la délivrance, Et aux aveugles le recouvrement de la vue, Pour renvoyer libres les opprimés, Pour publier une année de grâce du Seigneur. » **Luc 4 :18-19**

❖ **Là où il n'y a pas Christ, les gens tombent facilement dans l'occultisme.**

❖ **C'est ta connexion avec ta source authentique qui détermine ton bonheur et épanouissement dans la vie.**
Cf. « *Attache-toi donc à Dieu, et tu auras la paix ; tu jouiras ainsi du bonheur.* » **Job 22 :21**

❖ **Quand la voix de tes sentiments étouffe l'intuition du discernement en toi, tu risques d'être une victime.**
Cf. « *Mais la nourriture solide est pour les hommes faits, pour ceux dont le jugement est exercé par l'usage à discerner ce qui est bien et ce qui est mal.* » **Hébreux 5 :14**

❖ **Ceux qui s'excusent pour le Service du royaume ne sont pas qualifiés pour la bénédiction, mais disqualifiés.**
Cf. « *Pendant qu'ils étaient en chemin, un homme lui dit: Seigneur, je te suivrai partout où tu iras. Jésus lui répondit: Les renards ont des tanières, et les oiseaux du ciel ont des nids: mais le Fils de l'homme n'a pas un lieu où il puisse reposer sa tête. Il dit à un autre: Suis-moi. Et il répondit: Seigneur, permets-moi d'aller d'abord ensevelir mon père. Mais Jésus lui dit: Laisse les morts ensevelir leurs morts; et toi, va annoncer le royaume de Dieu. Un autre dit: Je te suivrai, Seigneur, mais permets-moi d'aller d'abord prendre congé de ceux de ma maison. Jésus lui répondit: Quiconque met la main à la charrue, et regarde en arrière, n'est pas propre au royaume de Dieu.* »
Luc 9 :57-62

❖ **Être au service de Dieu, c'est être dans la cour d'excellence et des grands.**

Cf. « *Cette parole est certaine: Si quelqu'un aspire à la charge d'évêque, il désire* ***une œuvre excellente****. Il faut donc que l'évêque soit irréprochable, mari d'une seule femme, sobre, modéré, réglé dans sa conduite, hospitalier, propre à l'enseignement. Il faut qu'il ne soit ni adonné au vin, ni violent, mais indulgent, pacifique, désintéressé.* » **1Timothée 3 :1-3**

Et dans la cour d'excellence et des grands :

❖ **Être dans Le service du Royaume de Dieu c'est être dans l'excellence et non de la médiocrité.**
- Tes paroles sont tes pensées exprimées. Il faut savoir se taire parfois.
  Psaumes 17 :3 « *...Ma pensée n'est autre que ce qui sort de ma bouche.* »
  Proverbes 10 :19 : « *Celui qui parle beaucoup ne manque pas de pécher, Mais celui qui retient ses lèvres est un homme prudent.* »

Matthieu 12 :37 « Car par tes paroles tu seras justifié, et par tes paroles tu seras condamné. »

- Le service sans obéissance ne t'apportera pas de récompense.
  Deutéronome 28 :1 « *Si tu obéis à la voix de l'Éternel, ton Dieu, en observant et en mettant en pratique tous ses commandements que je te prescris aujourd'hui, l'Éternel, ton Dieu, te donnera la supériorité sur toutes les nations de la terre. Voici toutes les bénédictions qui se répandront sur toi et qui seront ton partage, lorsque tu obéiras à la voix de l'Éternel, ton Dieu:...* »

❖ Ton apparence vestimentaire parle plus que tes mots. Elle trahit ta personnalité. Et détermine la réponse de ton interlocuteur, ton acceptation ou ton rejet.

Cf. « *Il me fit voir Josué, le souverain sacrificateur, debout devant l'ange de l'Éternel, et Satan qui se tenait à sa droite pour l'accuser. L'Éternel dit à Satan: Que l'Éternel te réprime, Satan! Que l'Éternel te réprime, lui qui a choisi Jérusalem! N'est-ce pas là un tison arraché du feu?* ***Or Josué était couvert de vêtements sales****, et il se tenait debout devant l'ange. L'ange, prenant la parole, dit à ceux qui étaient devant lui:* ***Otez-lui les vêtements sales****! Puis il dit à Josué: Vois, je t'enlève ton iniquité, et je te revêts d'habits de fête. Je dis: Qu'on mette sur sa tête un turban pur! Et ils mirent un turban pur sur sa tête, et ils lui mirent des vêtements. L'ange de l'Éternel était là.* » **Zacharie 3 : 1-5**

❖ La provision de ta mission sur terre est libérée dans le service du Royaume de Dieu.

Cf. « *Cherchez premièrement le Royaume et la justice de Dieu, et toutes ces choses vous seront données par-dessus.* » **Matthieu 6 :33**

❖ La paresse est le champ fertile de la mendicité.

Cf. « *La paresse fait tomber dans l'assoupissement, Et l'âme nonchalante éprouve la faim.* » **Proverbes 19 :15**

❖ Ce sont des informations célestes qui créent des merveilles terrestres.

Cf. « *Dans leur détresse, ils crièrent à l'Éternel, Et il les délivra de leurs angoisses; Il envoya sa parole et les guérit, Il les fit échapper de la fosse.* » **Psaumes 107 :19-20**

❖ Dieu n'est pas un superviseur mais un travailleur.

Cf. « *Mais Jésus leur répondit: Mon Père agit jusqu'à présent; moi aussi, j'agis.* » **Jean 5 :17**

- **L'église est un centre de l'éducation spirituelle pour une morale excellente.**

Cf. « *N'abandonnons pas notre assemblée, comme c'est la coutume de quelques-uns; mais exhortons-nous réciproquement, et cela d'autant plus que vous voyez s'approcher le jour.* » **Hébreux 10 :25**

- **Dieu peut donner la vie, il peut aussi guérir la vie.**

Cf. « *Le Dieu qui a fait le monde et tout ce qui s'y trouve, étant le Seigneur du ciel et de la terre, n'habite point dans des temples faits de main d'homme; il n'est point servi par des mains humaines, comme s'il avait besoin de quoi que ce soit, lui qui donne à tous la vie, la respiration, et toutes choses. Il a fait que tous les hommes, sortis d'un seul sang, habitassent sur toute la surface de la terre, De ayant déterminé la durée des temps et les bornes de leur demeure; il a voulu qu'ils cherchassent le Seigneur, et qu'ils s'efforçassent de le trouver en tâtonnant, bien qu'il ne soit pas loin de chacun de nous, car en lui nous avons la vie, le mouvement, et l'être…* » **Actes 17 :24-28**

- **Ton action créée une saison pour tes résultats.**

Cf. « *Ne parlez plus avec tant de hauteur; Que l'arrogance ne sorte plus de votre bouche; Car l'Éternel est un Dieu qui sait tout, Et par lui sont pesées toutes les actions.* » **1Samuel 2 :3**

- **Si Dieu peut t'approuver, il va aussi t'exaucé.**

Cf. « *si mon peuple sur qui est invoqué mon nom s'humilie, prie, et cherche ma face, et s'il se détourne de ses mauvaises voies, je l'exaucerai des cieux, je lui pardonnerai son péché, et je guérirai son pays. Mes yeux seront ouverts désormais, et mes oreilles seront attentives à la prière faite en ce lieu.* » **2 Chroniques 7 :14-15**

- **Quand la prière est exaucée, ta moisson est déclenchée.**

Cf. « *Jusqu'à présent vous n'avez rien demandé en mon nom. Demandez, et vous recevrez, afin que votre joie soit parfaite.* » **Jean 16 :24**

- **La spiritualité de la prospérité divine est enracinée dans la crainte de l'Eternel.**

Cf. « *Tes jours seront en sûreté; La sagesse et l'intelligence sont une source de salut; La crainte de l'Éternel, C'est là le trésor de Sion.* » **Esaïe 33 :6**

- **C'est ta Foi qui programme ta victoire et non Dieu.**

Cf. « *parce que tout ce qui est né de Dieu triomphe du monde; et la victoire qui triomphe du monde, c'est notre foi.* » **1 Jean 5 :4**

- **Les faiblesses de la chair ne respectent pas les titres. Et le refus de les reconnaitre garantie ta destruction.**

Cf. « *Nous savons, en effet, que la loi est spirituelle; mais moi, je suis charnel, vendu au péché. Car je ne sais pas ce que je fais: je ne fais point ce que je veux, et je fais ce que je hais. Or, si je fais ce que je ne veux pas, je reconnais par-là que la loi est bonne. Et maintenant ce n'est plus moi qui le fais, mais c'est le péché qui habite en moi. Ce qui est bon, je le sais, n'habite pas en moi, c'est-à-dire dans ma chair: j'ai la volonté, mais non le pouvoir de faire le bien. Car je ne fais pas le bien que je veux, et je fais le mal que je ne veux pas. Et si je fais ce que je ne veux pas, ce n'est plus moi qui le fais, c'est le péché qui habite en moi. Je trouve donc en moi cette loi: quand je veux faire le bien, le mal est attaché à moi. Car je prends plaisir à la loi de Dieu, selon l'homme intérieur; mais je vois dans mes membres une autre loi, qui lutte contre la loi de mon entendement, et qui me rend captif de la loi du péché, qui est dans mes membres. Misérable que je suis! Qui me délivrera du corps de cette mort?... Grâces soient rendues à Dieu par Jésus-Christ notre Seigneur!... Ainsi donc, moi-même, je suis par l'entendement esclave de la loi de Dieu, et je suis par la chair esclave de la loi du péché.* » **Romains 7 :14-25**

- **Que l'opinion céleste soit la fondation de ta conviction et la base de ton épanouissement : Elle efface la confusion, te donne la direction et la force de progresser, de persévérer dans la vie ; Elle t'aide même à surmonter les tentations.**

Cf. « *Jésus répondit: Il est écrit: L'homme ne vivra pas de pain seulement, mais de toute parole qui sort de la bouche de Dieu.* » **Matthieu 4 :4**

« *Et voici, une voix fit entendre des cieux ces paroles: Celui-ci est mon Fils bien-aimé, en qui j'ai mis toute mon affection.* » **Matthieu 3 :17**

- **Tu auras ce que tu diras, si tu as ce que tu dis : Conception (**à travers la Méditation**) + Déclaration (**de ta bouche**) = Réception.**

Cf. « *Alors Pierre lui dit: Je n'ai ni argent, ni or; mais ce que j'ai, je te le donne: au nom de Jésus-Christ de Nazareth, lève-toi et marche. Et le prenant par la main droite, il le fit lever. Au même instant, ses pieds et ses chevilles devinrent fermes; d'un saut il fut debout, et il se mit à marcher. Il entra avec eux dans le temple, marchant, sautant, et louant Dieu.* » **Actes 3 :6-8**

« *Quelques exorcistes juifs ambulants essayèrent d'invoquer sur ceux qui avaient des esprits malins le nom du Seigneur Jésus, en disant: Je vous conjure par Jésus que Paul prêche! Ceux qui faisaient cela étaient sept fils de Scéva, Juif, l'un des principaux sacrificateurs. L'esprit malin leur répondit: Je connais Jésus, et je sais qui est Paul; mais vous, qui êtes-vous? Et l'homme dans lequel était l'esprit malin s'élança sur eux, se rendit maître de tous deux, et les maltraita de telle sorte qu'ils s'enfuirent de cette maison nus et blessés.* » **Actes 19 :13-16**

- **La peur et le péché sont des odeurs qui attirent l'échec et la mort.**
  Cf. « *Car le salaire du péché, c'est la mort; mais le don gratuit de Dieu, c'est la vie éternelle en Jésus-Christ notre Seigneur.* » **Romains 7 : 23**

- **Là où il y'a la crainte de l'Eternel, le miracle se manifeste facilement.**
  Cf. « *La crainte s'emparait de chacun, et il se faisait beaucoup de prodiges et de miracles par les apôtres.* » **Actes 2 :43**

- **Il est mieux d'être fidèle que d'être populaire. Car la fidélité est toujours récompensée.**
  Cf. « *Il faut donc que, parmi ceux qui nous ont accompagnés tout le temps que le Seigneur Jésus a vécu avec nous, depuis le baptême de Jean jusqu'au jour où il a été enlevé du milieu de nous, il y en ait un qui nous soit associé comme témoin de sa résurrection. Ils en présentèrent deux: Joseph appelé Barsabbas, surnommé Justus, et Matthias. Puis ils firent cette prière: Seigneur, toi qui connais les cœurs de tous, désigne lequel de ces deux tu as choisi, afin qu'il ait part à ce ministère et à cet apostolat, que Judas a abandonné pour aller en son lieu. Ils tirèrent au sort, et le sort tomba sur Matthias, qui fut associé aux onze apôtres.* »
  Actes 1 :21-26

- **L'infidélité c'est de la méchanceté en douceur manifestée dans l'attitude de la négligence et de la paresse.**
  Cf. « *Longtemps après, le maître de ces serviteurs revint, et leur fit rendre compte. Celui qui avait reçu les cinq talents s'approcha, en apportant cinq autres talents, et il dit: Seigneur, tu m'as remis cinq talents; voici, j'en ai gagné cinq autres. Son maître lui dit: C'est bien, bon et fidèle serviteur; tu as été fidèle en peu de chose, je te confierai beaucoup; entre dans la joie de ton maître. Celui qui avait reçu les deux talents s'approcha aussi, et il dit: Seigneur, tu m'as remis deux talents; voici, j'en ai gagné deux autres. Son maître lui dit: C'est bien, bon et fidèle serviteur; tu as été fidèle en peu de chose, je te confierai beaucoup; entre dans la joie de ton maître. Celui qui n'avait reçu qu'un talent s'approcha ensuite, et il dit: Seigneur, je savais que tu es un homme dur, qui moissonnes où tu n'as pas semé, et qui amasses où tu n'as pas vanné; j'ai eu peur, et je suis allé cacher ton talent dans la terre; voici, prends ce qui est à toi. Son maître lui répondit: Serviteur méchant et paresseux, tu savais que je moissonne où je n'ai pas semé, et que j'amasse où je n'ai pas vanné; il te fallait donc remettre mon argent aux banquiers, et, à mon retour, j'aurais retiré ce qui est à moi avec un intérêt. Otez-lui donc le talent, et donnez-le à celui qui a les dix talents. Car on donnera à celui qui a, et il sera dans l'abondance, mais à celui qui n'a pas on ôtera même ce qu'il a. Et le serviteur inutile, jetez-le dans les ténèbres du dehors, où il y aura des pleurs et des grincements de dents.* »
  Matthieu 25 :19-30

- **La vraie spiritualité doit impacter positivement la société. C'est le réveil spirituel qui déclenche le réveil social et économique.**
  Cf. « *La multitude de ceux qui avaient cru n'était qu'un cœur et qu'une âme. Nul ne disait que ses biens lui appartinssent en propre, mais tout était commun entre eux. Les apôtres rendaient avec beaucoup de force témoignage de la résurrection du Seigneur Jésus. Et une grande grâce reposait sur eux tous. Car il n'y avait parmi eux aucun indigent: tous ceux qui possédaient des champs ou des maisons les vendaient, apportaient le prix de ce qu'ils avaient vendu, et le déposaient aux pieds des apôtres; et l'on faisait des distributions à chacun selon qu'il en avait besoin.* » **Actes 4 :32-35**

- **L'information céleste ou séculière est la monnaie de la destinée.**
  Cf. « *Ta parole est une lampe à mes pieds, Et une lumière sur mon sentier.*
  La révélation de tes paroles éclaire, Elle donne de l'intelligence aux simples. »
  Psaumes 119 :105, 130

- **Je suis un personnage dans le livre de Dieu : Car la vie est comme un livre et chaque livre à un auteur, des pages et des chapitres... L'auteur du livre de ma vie c'est Dieu.**
  Cf. « *Quand je n'étais qu'une masse informe, tes yeux me voyaient; Et sur ton livre étaient tous inscrits les jours qui m'étaient destinés, Avant qu'aucun d'eux existât.* » **Psaumes 139 : 16**

- **Après la compassion ce qui suit, c'est la solution.**
  Cf. « *Quand il sortit de la barque, il vit une grande foule, et Mt 9:36.fut ému de compassion pour elle, et il guérit les malades.* » **Matthieu 14 :14**
  « *Ému de compassion, Jésus toucha leurs yeux; et aussitôt ils recouvrèrent la vue, et le suivirent.* » **Matthieu 20 :34**

- **La facilité menace plus le progrès que l'adversité.**

- **Il ne faut pas confondre mouvement et progrès.** **Cf.**
  « *Vous avez assez suivi les contours de cette montagne. Tournez-vous vers le nord* »
  Deutéronome 2 :3

Mission Chrétienne
« LA SAGESSE-GAGNANTE »

- *Le Ministère Chrétien itinérant mandaté pour Enseigner et Manifester la Sagesse de Dieu à travers les nations auprès des familles et des autorités administratives, politiques, militaires et judiciaires. Organise des Cultes des Dimanches à domicile (sur demande) pour les V.I.F (Very Important Family) et les V.I.E (Very Important Enterprise).*

« Dieu est fidèle et capable ! »

A PROPOS DE L'AUTEUR

Cyrley-Arnaud. N'GALIEME

Est le Leader-Visionnaire de la Mission Chrétienne « **LA SAGESSE-GAGNANTE** », il a un don dynamique pour combiner son appel en tant que Docteur de la parole de Dieu avec les rôles de formateur des leaders et serviteurs chrétiens, Chef d'Entreprises et de père spirituel.
Hormis ses études bibliques à l'IBPF de la World Mission Agency Inc. Au Nigeria et Brazzaville, **il a la licence en Droit-Administratif et un Master en Administration des Affaires obtenu de l'Institut International « AMM RESEARCH LTD » de Londres (Grande –Bretagne).**

Ses multiples voyages missionnaires ; au Nigeria, en Angola, au Cameroun etc. l'ont acquis une forte expérience en Administration Bilingue et en Art de Communiquer ; **son expertise couvre le Leadership, la Gestion Administrative, la communication et la diplomatie.**

Orateur très inspirationnel et motivateur, il est l'auteur de ce livre de poche « L'AGENDA DE LA SAGESSE » et Présentateur de l'Emission Chrétienne Télévisée « SUBLIME-MYSTERE » et à la RADIO « L'IMPACT DE LA SAGESSE ». Accessible et beaucoup sollicité, il est aussi Entrepreneur et **consultant des autorités administratives, sociopolitiques, militaires et Judiciaires.**

Marié et Père, le Révérend Docteur **Cyrley-Arnaud. N'GALIEME** est un homme énigmatique au comportement sympathique, il a une vision authentique qui le rend unique.

Printed by Books on Demand GmbH, Norderstedt / Germany